LE SONGE DV RESVEVR.

A PARIS,
Chez GVILLAVME DE LVYNE,
Libraire-Iuré, au Palais, dans la Salle
des Merciers, à la Iustice.

M. DC. LX.

Auec Priuilege du Roy.

AV LECTEVR.

CET Ouurage n'auroit iamais veu le iour, si les prieres de mes amis ne l'y auoient donné, & la peine de l'écrire, ou de le faire écrire, pour ceux qui me le demandoient iointe à de telles prieres, a esté cause que ie m'y suis assez facilement resolu: outre que des gens connoissans, m'ont voulu persuader, qu'ils voyoient tous les iours des resueries plus insuportables que les miennes. Comme ce Songe *est fait sur vn autre Songe : quelques - vns s'imagineront peut-estre, qu'il faudroit auoir lû l'vn, pour auoir du plaisir dans la lecture de l'autre ; mais ie te diray que ie l'ay traité d'vne maniere, à donner du diuertissement à ceux qui le liront seul, & à ne pas ennuyer ceux qui les liront tous deux. Pour changer de matiere, il faut que ie t'auouë, que i'eus vn chagrin extrême il y a quelque temps, de voir qu'vn homme faisant l'Autheur de consequence, parlast auec si peu de respect de la plus part de nos illustres Autheurs, dans vn liure intitulé, la Pompe Funebre de Scaron, où le nom de l'Autheur est supprimé, & qu'vn soir ce chagrin ne me pouuant permettre de voir aucun de mes amis, de peur de me rendre ennuyeux, ie me retiray dans ma chambre, où ie pris les ouurages de quelques-vns de nos Sçauans, pour tascher de dissiper ma tristesse : mais bien loin d'en venir à bout par ce moyen, plus ie faisois reflexion sur le prix de leurs beaux ouurages, & plus i'auois de dépit, de remarquer si peu de veneration pour eux, dans l'écrit d'vn homme qui leur en deuoit tant, de sorte que cét expedient ne m'ayant pas reüssi, ie fus contraint de me mettre au lit, où m'eſtant endormy auec toute la peine imaginable, i'eus le diuertiſſement dont ie te fais part.*

LE SONGE DV RESVEVR.

MOy qui ſuis auſſi grand Reſueur,
Que le fut cét Illuſtre Autheur,
Qui nous fit la Pompe Funebre,
D'vn homme Fameux & Celebre,
C'eſt à dire du Grand Scaron ;
Depuis quinze iours enuiron,
Ayant l'eſprit plein de l'idée,
De cette Piece vn peu fardée,
Ie fis vn Songe fort plaiſant,
Et qui ſera diuertiſſant,
Hors à l'Autheur qui pour vray dire,
N'y verra pas le mot pour rire.
Mais quoy, c'eſt vn Songe aprés tout,
Muſes, pour en venir à bout,

I'inuoque icy voſtre puiſſance,
Vous m'auez promis aſſiſtance,
Bon bon, i'en ſens deſia l'effet,
Ie ſuis en train, & c'en eſt fait,
Ie vais auec voſtre aſſiſtance,
Mettre mon Songe en éuidence.

DESIA noſtre porte-falot
S'eſtoit couché ſans dire mot;
Deſia la nuit tendoit ſes voiles,
Deſia l'on voyoit les Eſtoiles,
Et deſia le plus blanc manoir
Eſtoit veſtu d'vn habit noir.
Deſia le fermeur de paupiere
Se donnoit en tous lieux carriere;
Deſia l'on n'oyoit plus de bruit,
Deſia... foin... bref il eſtoit nuit:
Quand mon ame fut enleuée,
Sur vne montagne éleuée,
Ce fut ſur le Mont Helicon.
D'abord i'aperceus Apollon,
Aſſis au milieu des Pucelles,
Qui ſont ſes Compagnes fidelles,
Il auoit le viſage fier,
De plus vn verdoyant laurier,
Couuroit de toutes parts ſa teſte:
Ie creus d'abord qu'il eſtoit feſte

Sur le Parnasse, mais aprés
Ie sceus pourquoy ces grands aprests
S'estoient faits, & i'en sceus la cause,
Ils auoient tous la bouche clause,
Mais Apollon leur Directeur,
Lequel deuoit auoir l'honneur,
De rompre le premier silence ,
Se leua, fit la reuerence,
Pour commencer en mesme temps,
En termes dont voicy le sens.
Enfin voicy cette Assemblée,
Chacune de vous est troublée,
D'où vient ce trouble? qu'auez-vous?
Alors, Melpomene à genous,
Luy dit , Pere de la doctrine,
Vous voyez bien à nostre mine,
Que nous auons de la douleur,
Iusques au fonds de nostre cœur,
Enfin, oseray-je vous dire
Le desordre de vostre Empire?
Oüy, puisque si ie vous le tais,
Ce mal ne finira iamais,
Des Escriuains à la douzaine,
D'auprés de la Samaritaine,
Escriuent , font comparaison,
Auec des gens de la maison.
Ie meurs de dépit & de rage,
De voir par tout vn tel rauage,

Helas ! mes soûpirs & mes pleurs,
M'empeschent de tous ces malheurs,
De vous dire le plus funeste,
Ce billet vous dira le reste,
Pour suppléer à mon défaut.
Il vient de nostre cher Quinault,
Ce ieune Apollon, du Parnasse,
Tient casi la premiere place,
C'est vn de nos chers fauoris.
Aussi-tost qu'Apollon l'eust pris,
Il luy dit d'essuyer ses larmes,
Et de terminer ces allarmes,
Et deslors que cela fut dit,
Il prend le papier & le lit,

EPIGRAMME.

De Mr. Quinault.

MVses, vn bastard de Satyre,
Depuis quinze iours enuiron,
A voulu se méler d'écrire,
Les funerailles de Scaron.

♔♔

Ce gueux en dérobe l'idée,
Dans le celebre Sarazain,

Il l'a seulement retournée,
De crainte de mourir de faim.

♔♔

Mon estonnement fut extrême,
Et i'estois tout hors de moy-mesme,
Alors que l'on me le dit hier :
Car depuis que ie sçais écrire,
Ie n'ay iamais entendu dire,
Que le Parnasse eust vn fripier.

Apollon rougit de colere,
Et dit qu'il se vouloit défaire,
De ces Escriuains de forests,
Vranie aussi-tost aprés,
Dit, Si c'estoit le seul desordre,
Sur lequel on eust à remordre,
Dans peu de temps tout iroit bien,
Mais helas ! tout cela n'est rien.
Il a fait des fous sans ceruelle,
Des Autheurs les plus pleins de zele,
Il les fait battre pour marcher,
Voyez ce qu'on vient d'afficher,
A la porte de nostre Temple :
Il faudroit donner vn exemple,
Qui pust mettre fin à nos maux,
Et destruire tous ces corbeaux,
Qui malgré les vns & les autres,
Meslent leurs chants auec les nostres.

Apollon rompant le propos,
Prit vn billet & luſt ces mots.

EPIGRAMME

De Mr. Boyer, ſur la diſpute qui eſt feinte dans la Pompe Funebre de Scaron, touchant la marche des Autheurs.

Povr terminer cette matiere,
Il faut conclure auparauant,
Que cét Autheur aille deuant,
Et que le bourreau ſoit derriere.

C'eſt bien parler dit, Apollon,
Eſt-ce tout? pourſuiuit-il, non,
Luy répondit viſte Vranie,
Ma harangue n'eſt pas finie;
L'on a rencontré par bon-heur,
A la porte de cét Autheur,
Ces billets que ie vous preſente,
Leur nombre eſtoit bien de quarante,
A ce que ie pûs diſcerner,
Phœbus ſans beaucoup raiſonner,
Prend tous ces billets & les ouure,
Et voicy ce qu'il y découure.

EPIGRAMME

De M[r]. de Bois-Robert, que l'Autheur dont i'ay parlé a feint successeur de Scaron.

PRRENDS *garde si tu m'en veux croire,*
Que le successeur de Scaron,
Pour bien celebrer ton histoire,
Ne te fasse mourir vn iour sous le baston.

EPIGRAMME

De M[r]. Cotin, dont le mesme Autheur a dit que les écrits estoient trop obscurs.

MA *façon d'écrire est obscure,*
A ce que ton Liure me dit,
Mais si tous mes Escrits ne passoient ton Esprit,
Ce seroit vn mauuais augure.

EPIGRAMME

De Mr. l'Abbé de Pure, qui allegua pour paſſer le premier, qu'il faiſoit bien des Vers Latins au dire du meſme Autheur.

Ie fais des Vers Latins fort bien,
A ce que ce fat ſçait Eſcrire;
Mais il faut qu'il l'ait oüy dire,
Car ie penſe qu'il n'en ſçait rien.

EPIGRAMME

De Mr. de Viliers qui, à ce que dit l'Autheur, ſe fut battu pour paſſer deuant les autres ſi on ne l'en euſt empeſché.

Ah! ſi ie me bats ie te iure,
Que ce ſera ie t'en aſſure,
Non pour voir à qui paſſera,
Mais bien à qui t'aſſommera.

EPIGRAMME

De M[r]. Magnon, à qui l'on dit qu'on le croit ſçauant, mais qu'il en faut voir des effets.

ON croit que i'ay de la ſcience,
Mais pour en auoir aſſeurance,
Il en faut, dis-tu, des effets;
Et bien d'acord ie t'en veux croire,
Oüy, tous mes efforts ſeront faits,
Pour auoir grand ſoin de ma gloire,
Son charme a pour moy des appas,
Fais-toy donc ſeulement connoiſtre,
Et dans peu tu verras peut-eſtre,
Des effets que tu n'attends pas.

EPIGRAMME

De M[r]. Moliere, dont le meſme Autheur a dit, c'eſt vn bouffon trop ſerieux.

CE digne Autheur n'eſtoit pas yure,
Quant il dit de moy dans ſon Liure,
C'eſt vn bouffon trop ſerieux;
Certe il a raiſon de le dire,

Car s'il se presente à mes yeux,
Ie l'empescheray bien de rire.

EPIGRAMME

De Mr. Furetiere, que l'Autheur appelle Satyrique.

PASSANT *apprend que cét Autheur,*
Est imposteur, flateur, & traistre,
Et que le Ciel n'a pas fait naistre,
Vn plus grand Calomniateur.
Ce sot cependant chose, estrange!
Attend d'vn vol le pain qu'il mange,
Et n'a pû deuenir heureux;
Ie ne sçais en songeant aux hommes,
Comment dans le Siecle où nous sommes,
Vn tel homme peut estre gueux.

EPIGRAMME

De Mr. Boilleau.

TV *serois mort sous le baston*
Si le Ciel n'eust osté l'enuie,
A nostre illustre Pelisson,
De te faire perdre la vie.

Pour auoir voulu faire imprimer le mariage de l'Autheur, & de la Precieuse.

N'en tires pas de vanité,
Les Dieux par leur rare bonté,
N'en ont changé la cataſtrophe,
Qu'à fin de nous apprendre à tous,
Qu'vn homme de pareille eſtoffe,
Eſtoit indigne de ſes coups.

EPIGRAMME

De M^rs^. Iacob & Lucas, que cét Autheur a nommé demys Autheurs.

PREND *garde à te laiſſer abbattre,*
Par ces demys Autheurs dont le ſort eſt commun,
Et qu'encor qu'ils n'en faſſent qu'vn,
Ils ne te battent comme quatre.

EPIGRAMME

De M^r^. Salbret, que l'Autheur a nommé le Caualier Salbret.

TV *dis que ie ſuis Caualier,*
Ie ſuis contraint de le nier,
Malgré tous tes diſcours ie ne le ſçaurois croire,

Les Dieux m'auroient traité trop mal,
Si voulant me combler d'vne si grande gloire,
Ils ne t'eussent fait mon cheual.

EPIGRAMME

De Mr. Hedelin Abbé d'Aubignac, dont l'Autheur dit qu'il vouloit passer deuant, par ce qu'il auoit fait vn Liure intitulé ; La Pratique du Theatre.

LE trauail auquel ie m'applique,
Me rend satisfait en vn point :
C'est d'auoir fait vne pratique,
Dont tu ne te seruiras point.

EPIGRAMME

De Mr. de Benserade, dont l'Autheur dit qu'il vint auec cinq ou six Abbez tous gens à Sonnets.

TV crois bien me connoistre, & ne m'connois gueres ;

Apprens pour deuenir plus ſage que tu n'es,
Que ie ſçais auſſi bien donner les eſtri-
uieres,
Comme ie fais bien des Sonnets.

EPIGRAMME

De M^r. Corneille l'aiſné, à qui (dit l'Autheur) tout le monde donna ſa voix.

ESCRIVAIN *du Pont-neuf, apprens que ſi mon front,*
Pouuoit rougir de quelque affront,
Ce ſeroit du deſauantage,
D'auoir eſté loüé par vn tel perſonnage.

EPIGRAMME

De M^r. Corneille le ieune, lequel (dit l'Autheur) répondit auec ſa froideur ordinaire.

QVOY *que ie ſois plein de froideur,*
Ie pourrois bien trouuer des gaules,
Qui n'auroient que trop de chaleur,
Pour bien échauffer tes épaules.

EPIGRAMME

De M[r]. de la Motte le Vayer, à qui cét Autheur a donné le nom de Sçauant.

EN vain pour prouuer ma ſcience,
Tu me donnes le nom de Docte ou de Sçauant.
Ce mot que ta ſottiſe auance,
M'apprend que ce n'eſt que du vent;
Muſes voyez ce qu'il propoſe,
Il s'erige à vos yeux en ſouſtenant ce point,
En diſpenſateur d'vne choſe,
Que ſon eſprit ne connoiſt point.

EPIGRAMME

De M[r]. de Montauban, duquel (dit l'Autheur) les pieces ont autres-fois reüſſi.

IE ſuis bien aiſe qu'autresfois,
Toutes mes pieces de theatre,
De tout noſtre peuple François,
Se ſoient fait vn digne idolâtre;

Car ſi c'eſtoit preſentement,
Ie craindrois aſſez iuſtement,
Que Ribou ne mélaſt tes œuures & les noſtres,
Et qu'enuieux de mes écrits,
Ton eſprit qui n'a point de prix,
Ne me les dérobaſt auſſi bien comme aux autres.

EPIGRAMME

De Mr. Coćto, que l'Autheur nomme Rotomageois.

QVOY *que Rotomageois* il *faut qu*
ie t'auouë,
Que ton ouurage eſt aſſez bon,
Chacun comme ie croy le louë,
Mais il ſent vn peu le baſton.

L'on en l'ût vingt autres encore,
De gens Illuſtres qu'on adore,
Qui coleriſerent Phœbus,
Lequel, pour oſter ces abus,
Eſtoit preſt à donner ſentence,
Lors que Terpſicore s'auance,
Il n'eſt pas temps de prononcer,
Nous ne faiſons que commencer,

Dit-elle, il faut que ſans contrainte,
Nous faſſions icy naiſtre nôtre plainte,
Moliere, noſtre cher Amy,
Que nous n'aymons pas à demy,
Depuis quelque temps a ſceu faire,
Vn cocu, mais imaginaire,
Cependant vn Archigredin,
Qui n'a pas pour auoir du pain,
De peur de paſſer la carriere,
De la ſaiſon d'Hiuer entiere,
Auecque ſon habit d'Eſté;
Fut pour lors aſſez effronté,
Pour ie ne ſçay comment le prendre,
Et de plus pour le faire vendre.
Il a bien meſme eſté plus loin,
Car l'on dit qu'il a pris le ſoin,
De l'afficher à chaque ruë,
De plus, l'on a fait la couë,
Imaginaire, dont vn ſot,
A pris auec ſoin mot à mot,
L'expreſſion, & la matiere,
Dans le cocu du Sieur Moliere.
Dont chacun fut fort eſtonné,
Il l'a ſeulement retourné,
Et le retournant, cét infame,
Pour vn homme a mis vne femme.
Dieux quelle honte, & quel affront,
Cela nous met deſſus le front.

N'eſt-ce pas vne mocquerie,
Auons nous vne friperie,
Où les Liures ſoient retournez ;
Aprés ces mots bien entonnez ?
Apollon dit branslant la teſte,
Ie luy donneray ſur la creſte,
A ce Maiſtre facquin d'honneur.
Erato s'auança de peur,
Que Phœbus plein d'impatience,
Ne luy donnaſt pas Audience,
Vous n'eſtes pas encore au bout,
Dit-elle, il faut entendre tout,
Nous n'auons que trop de matiere,
Vous connoiſſez le Sieur Moliere,
Cét autre dont on a parlé,
Qui depuis peu ſe voit pelé,
Dont les actions ſont honteuſes,
Luy déroba ſes Precieuſes,
Puis à l'Imprimeur les liura,
Pour cent francs qu'il en retira.
Deuons-nous ſouffrir cét outrage ?
Quoy donc, dérober vn Ouurage ?
Le dérober impunément ?
Oſer le vendre aſſeurément ?
Souffrir qu'on faſſe ces iniures,
A l'vne de nos Creatures ?
Que par vn fat on ſoit vaincu ?
Qu'on me coupe la robe au cu,

Si i'endure vne telle offence!
Appollon luy dit, Patience,
Vous n'auez qu'à viure en repos,
Acheuez. Aprés de tels mots,
Polimnie prit la parole,
Et dit, Cét eſpoir me conſole,
I'ay touſiours crû, ie vous promets,
Que vous ne ſouffririez iamais,
Que l'on en vſaſt de la ſorte.
Ie veux que le Diable m'emporte,
Dit Apollon fort en courroux,
Si ie n'en fais iuſtice à tous.
Dites-moy donc viſte & ſans feinte,
Tout le reſte de voſtre plainte.
Polimnie auſſi-toſt aprés,
Prononça ces mots à peu prés;
Apprenez donc qu'vn miſerable,
Faiſant vn iour le raiſonnable,
Fut chez des gens de Calité,
Et cecy n'eſt point inuenté,
Eſcoutez-le ie vous en prie:
Pour y lire vne Comedie,
Effrontément il ſe diſoit
L'Autheur de tout ce qu'il liſoit;
On eut autant de patience
Que cét Illuſtre eut d'impudence,
Il lût en repos quelque temps;
Par bonheur vn des aſſiſtans,

Creut

Creut reconnoiſtre cét ouurage,
Et ſe confirma dauantage,
Dans la croyance qu'il en eut,
A chaque Vers que l'autre lût.
Il perdit enfin patience,
Voyant vne telle impudence,
Lors qu'il ne douta plus de rien.
Et meſme la perdit ſi bien,
Qu'eſtant las de l'entendre lire,
Maugré-bleu, dit-il, de ta lire,
Et du vilain gaſte-meſtier;
Et ſans regarder ſon papier,
Luy recita ſans nulle peine,
Tout ce qui reſtoit de la Scene,
Et c'eſtoit au moins, ce dit-on,
La Piece de Cleomedon,
Qu'il auoit vn peu déguiſée;
Iugez icy de la riſée,
Il ne fut pas iuſqu'aux Laçquais,
Qui ne donnaſſent leurs pacquets,
L'vn diſoit, peſte ſoit la beſte,
L'autre, il luy faut caſſer la teſte,
Mais leur Maiſtre le conſerua,
Et puis cét Autheur ſe ſauua,
Et bien Apollon, quelle honte?
Fera-t'on de nous quelque conte?
Pourſuit-elle vn peu plus haut,
Si nous endurons vn maraut,

Piller les Pieces les plus belles,
De nos Autheurs les plus fidelles.
Où trouuerons-nous dés amis?
Là là, tout doux, *ne fumetis*,
Dit Apollon, laissez moy faire,
I'examineray cette affaire,
Pour y donner ordre, acheuez,
Taisez-vous, ou bien poursuiuez,
Est-ce là toute vostre plainte.
Il a voulu donner atteinte,
A la vertu de Pelisson,
De nostre aymable nourrisson,
Adjousta de plus Terpsicore.
Vn homme que chacun adore,
Et que nous auons tant chery,
En qualité de fauory.
Ah c'en est trop! ce temeraire,
Se sentira de ma colere,
Dit Apollon fort en courroux,
Sçait-il bien qu'il s'adresse à nous,
Lors qu'il choque par impudence,
Des gens de cette consequence?
Oüy, si ie le connois iamais,
Ie vous iure & ie vous promets,
De luy faire mordre ses pousses,
Par d'assez sensibles secousses.
Oüy, i'en iure, & le tiendray bien,
I'endurerois sans dire rien,

Que cela paſſaſt de la ſorte ?
Non non, que le Diable m'emporte,
Dit-il vne ſeconde fois,
Si ce facquin n'en mord ſes dois.
Mais puis qu'il oſe ainſi paroiſtre,
Sans doute on le doit bien connoiſtre,
Là donc, leur dit-il, pourſuiuez,
Dites-moy ſi vous les ſçauez,
Le nom de ce fat qui veut rire,
Qui met le trouble en mon Empire.
Toutes les Muſes à la fois,
S'écrierent à haute voix,
C'eſt le fameux Sieur de *Sommaiſe*,
Qui viẽt ainſi ainſi troubler nôtre aiſe.
Quoy cét Eſcriuain du Pont neuf ?
Qui n'a pas pour auoir vn œuf ?
Dit Apollon tout plein de rage,
Eſt cauſe de tout ce rauage ?
Ce ſinge qui ne feroit rien,
S'il ne pilloit les gens de bien ?
Ce fils aiſné de l'ignorance,
Peut donc auoir cette impudence ?
Qu'on m'apelle mon Poſtillon.
Chaque Muſe diſoit, bon, bon,
Nous en allons eſtre défaites,
Nous ſerons toutes ſatisfaites.
Le Poſtillon vint là-deſſus,
Prenez mon cheual Eous,

Dit Apollon, & m'allez prendre,
Sommaiſe, afin de me le rendre,
Emmenez-le moy, vif, ou mort.
Dés qu'il euſt prononcé ſon ſort,
Le Poſtillon comme ie penſe,
Le fut querir en diligence.
Deſia chacune examinoit,
Quelle ſupplice on luy deſtinoit:
L'vne diſoit, il le faut pendre.
L'autre diſoit, il le faut prendre,
Et le ſangler vn mois durant.
L'autre, dans vn courroux moins grãd,
Fit vne ſemblable priere,
A Phœbus, Pere de lumiere,
Daignez ne point cauſer ſa fin,
Il n'en vaut pas la peine, enfin
Prenez-le plus toſt, ie vous prie,
Pour eſtre Valet d'écurie,
Il penſera noſtre cheual,
Et n'y reüſſira pas mal.
Il faut, dit vne autre plus vaine,
Le noyer dedans Hypocrene,
Afin qu'il nous laiſſe en repos.
Apeine auoit-on dit ces mots,
Que ledit Poſtillon arriue.
Muſes il faut que ie décriue,
Cét équipage merueilleux,
Dans lequel parut à mes yeux,

Le Sieur Sommaiſe auec ſon Guide,
Rendez ma plume vn peu fluide,
Afin de le décrire bien.
Ie vis d'abord. . . . . Ie ne vis rien,
Car i'auois les paupieres closes.
Mais au moins ie crus voir ces choſes.
Ie crus donc voir le Poſtillon,
Arriuer deuant Apollon,
Qui de peur de le faire attendre,
Eſtoit venu tout droit s'y rendre.
D'abord vn grand bruit s'entendit,
Le Sieur de Sommaiſe ſuſdit,
Lors qu'il parut deuant leur troupe,
Eſtoit garoté ſur la croupe,
D'Eous qui le ſouſtenoit;
Souuent Sommaiſe examinoit,
Chaque détour & chaque place,
De ce merueilleux Mont-Parnaſſe,
Mais plus il y portoit les yeux,
Et moins il connoiſſoit ces lieux.
Ce n'eſt pas qu'il l'ait oſé dire,
Mais ſans mentir, ie puis écrire,
Que dedans vn ſemblable ennuy,
Sa ſurpriſe parloit pour luy.
Apollon tout bouſſi de rage,
Le fait approcher, l'enuiſage,
Se conſulte, & dit à la fin,
Qu'on dégarote ce Coquin;

Et lors que la chose fut faite,
Que l'on apporte vne selete,
Pour luy mettre le cu dessus,
Poursuiuit le blondin Phœbus.
Et vous autres prenez seance,
Dit-il à toute l'assistance.
Dont fauorisant les souhaits,
Il l'interroge sur les faits,
Qu'il auoit apris de ses Muses,
Sommaise chercha des excuses.
Phœbus qu'on ne doit pas ioüer,
Dit, Tu les veux desauoüer.
Hola, quelqu'vn, que l'on le prenne,
Qu'on le meine vers *Hypocrenne*,
Pour luy donner la question.
Voyant que c'estoit tout de bon,
Sommaise auecque diligence,
Se iette aux pieds de l'assistance,
Et dit, ie feray cét aueu,
Pourueu que l'on m'épargne vn peu,
Ie n'ay rien du tout à répondre.
Cela suffit pour te confondre,
Reprit Apollon d'vn ton fier,
Tu fais bien de ne rien nier.
Que l'on m'apelle en diligence,
Mes Palefreniers d'importance.
Aussi-tost que cela fut dit,
Comme il a là bien du credit,

Et qu'il en eſt ſouuerain Maiſtre,
On vit en peu de temps paroiſtre,
Les palefreniers de Phœbus.
Ils eſtoient quinze ou ſeize au plus;
Apollon tout plein de colere,
Leur marqua ce qu'il falloit faire,
Par vn clein d'œil aſſez ſubtil,
Enſuite, prenez-moy, dit-il,
La couuerture de Pegaze,
Et me bernez dedans, cét Aze.
  Auſſi-toſt dit, auſſi-toſt fait,
Car pour en venir à l'effet,
On va querir la couuerture,
Du cheual Pegaze, & ie iure,
Que Sommaiſe eſtoit fort plaintif,
Et qu'il eſtoit plus mort que vif,
Il auoit d'eſtranges alarmes,
Car il pleuroit à chaudes larmes.
Apollon réua quelque temps,
Et dit, attendez, à ſes gens,
Ce facquin a choqué Moliere,
Deuons-nous le laiſſer derriere?
Non, qu'on taſche à me l'emmener,
Afin qu'il le voye berner,
I'exige de ce miſerable:
Qu'il luy faſſe amande honnorable,
La corde au col, la torche au poing,
Viſte, que l'on prenne ce ſoing.

Auſſi-toſt on le deshabille,
D'vne aſſez méchante guenille,
De laquelle il eſtoit veſtu,
On le laiſſa quaſi tout nu,
Sans aucune miſericorde,
Puis on luy donna torche & corde,
Enfin on venoit d'acheuer,
Quand on vit Moliere arriuer,
Lequel ſurpris d'vn tel ſpectacle,
Penſa deux fois crier, miracle,
De voir ce fat ſur Helicon,
Mais en meſme temps Apollon,
Tout plein de colere & de rage,
Luy tint à peu prés ce langage;
 Amy, que nous auons chery,
Autant qu'vn autre fauory,
Nous tenons en noſtre puiſſance,
Vn des ſuiets de l'impudence.
Ce Sommaiſe qui t'a choqué,
Qui de nous autres s'eſt mocqué,
Eſt en eſtat ſur le Parnaſſe,
D'implorer à genoux ta grace.
Voy iuſques où va ma faueur.
Ie veux que ce larron d'honneur;
Te faſſe vne amande honnorable.
 Ie tiens ce pauure miſerable,
Reprit Moliere d'vn ton doux,
Fort indigné de mon courroux,

Et dit cela de bonne grace;
Enfin ie veux qu'il te la faſſe,
Dit Apollon tout furieux.
Si vous le voulez ie le veux,
Reprit modeſtement Moliere:
Sommaiſe eſtoit vn peu derriere;
Il n'eſt plus temps de vous cacher,
Que l'on nous le faſſe approcher,
Dit Apollon, l'autre s'auance,
Fit vne grande reuerence,
Et parmy deux mille ſanglots,
Fit entendre à peu prés ces mots.
Hoſtes immortels du Parnaſſe,
I'implore à genoux voſtre grace,
Et celle du fameux Autheur,
Dont i'ay voulu ternir l'honneur.
I'ay mis le trouble en voſtre Empire,
I'ay voulu me méler d'ecrire,
Sans en auoir eu voſtre aueu.
Mais ie croy que ie vaux trop peu,
Pour vous faire mettre en colere,
Ayez pitié de ma miſere,
La neceſſité m'a contraint,
De feindre tout ce que i'ay feint,
Car enfin vous pouuez bien croire,
Que ce n'a pas eſté la gloire,
Ie me connois encor trop bien,
Pour y vouloir pretendre rien.

Ie n'ay iamais écrit pour elle,
Car pour paroiſtre plus fidelle,
Si ie l'euſſe fait, i'aurois mis
Mon nom à tout ce que i'ay pris.
Daignez me conſeruer la vie,
Monſieur Apollon ie vous prie,
Ie vous demande donc pardon,
A vous Monſeigneur Apollon.
A vos tres aymables Compagnes,
A tous ceux de vos deux Montagnes,
A Monſieur Moliere... à ce mot,
Sommaiſe demeura tout ſot,
Et ne peut auoir le courage,
D'en dire iamais d'auantage.
Apollon quand cela fut fait,
Demande; eſtes-vous ſatisfait?
A Moliere, tout haut, de reſte,
Reprit Moliere le modeſte,
Hola, Sommaiſe, taiſez-vous,
Pourſuit Apollon ſans courroux,
Chaque Muſe en eſtoit ſortie,
Et n'eſtoit plus de la partie,
A cauſe qu'elles auoient vu,
Qu'on luy voyoit quaſi le cu,
En faiſant amande honnorable.
Auſſi-toſt noſtre miſerable,
Sans habit, chauſſes, ny ſouliers,
Fut pris par les Palefreniers,

Et mis dedans la couuerture,
Du cheual Pegaſe, & ie iure,
Qu'ils le bernerent à loiſir,
Ils y prenoient tant de plaiſir,
Qu'ils rioient, & meſme à leur aiſe,
Aux dépens du Seigneur Sommaiſe,
Ils luy faiſoient faire des ſauts,
Et des plus fins, & des plus hauts:
Ie ne pûs m'empeſcher de rire,
Ie ſuis obligé de le dire.
Moliere qui n'eſt pas rieur,
En rit auſſi de tout ſon cœur.
La riſée que ie rapporte,
Deuint encore aprés plus forte,
Car les Palefreniers cottez,
L'ayant tourné de tous coſtez,
A force de berner Sommaiſe,
Sembloient ſortir d'vne fournaiſe.
Ie crus qu'on l'alloit lâcher, mais
Il en vint quatre autres tous frais,
Qui de nouueau recommencerent,
Et qui ſi bien vous le bernerent,
Que ie doutay dedans ces lieux,
Qu'on le puſt iamais eſtre mieux.
Il fut traité de Turc à More,
Il laſſa tous ces quatre encore,
N'eſt-ce pas de quoy s'eſtonner?
Eux eſtans las de le berner,

Il lascherent la couuerture,
Et le Sieur Sommaise, & ie iure,
Qu'il fut froissé certainement,
Estant tombé si rudement,
Mais vne risée impreueuë,
M'en déroba toute la veuë,
Car son éclat qui fut fort hault,
Me fit réueiller en sursault.
Certes la ioye est sans pareille,
De rire alors que l'on s'éueille,
Ou de s'éueiller quand on rit,
Voilà la fin de mon recit.

FIN.

www.ingramcontent.com/pod-product-compliance
Lightning Source LLC
LaVergne TN
LVHW021638170726
843501LV00007B/2288

* 9 7 8 2 3 2 9 6 6 2 2 7 5 *